Paris caché

ALICE LEPIC

Paris caché

120 lieux inattendus à découvrir

PARIGRAMME

À Liza
qui m'a offert Paris

à Paris, il ne faut jurer de rien. Si les alignements d'immeubles haussmanniens et les larges perspectives constituent la première image qui s'impose à nous comme une marque de fabrique, une signature reconnaissable partout, elle est loin de traduire une réalité autrement plus complexe.

Paris, c'est aussi des petites maisons, des jardins, des venelles villageoises, des ciels immenses…

Et ce sont bien ces exceptions à la règle que nous avons voulu rechercher, ces endroits où l'on pourrait se croire n'importe où sauf dans la capitale !

Êtes-vous prêt à jouer ? C'est à dessein que les images reproduites dans les pages qui suivent ne sont localisées qu'en fin d'ouvrage ; quelques indices, vos souvenirs ou une intuition vous permettront peut-être de deviner de quelle rue, de quelle impasse ou de quelle villa il s'agit.

Au-delà de cet amusement, la petite collection rassemblée ici – loin d'être complète – voudrait être une invitation à partir en chasse d'autres trésors. Il en existe tellement, promettant, à chaque découverte, le même ravissement. Qui a éprouvé le bonheur très particulier du moment où l'on passe « de l'autre côté du miroir », où l'on découvre une pépite dans un environnement sans grâce, ne s'en lasse jamais. Il poursuit sa quête en en affinant la méthode, quadrillant tout un secteur quand il a eu le privilège de poser les yeux sur une curiosité. Si celle-ci existe, il s'en trouvera d'autres, juste à côté. Les parages sont fertiles.

Enfin, dira-t-on assez que cet exercice de patience et d'opiniâtreté ne saurait se pratiquer autrement qu'à pied ? Depuis Léon-Paul Fargue, nous savons bien qu'il n'est de Parisien que piéton.

Dans une rue à la toponymie austère, ce porche cache la verdure exubérante d'un square intérieur (cf. 13). 1

2 Cette coquette impasse fleurit de façon inattendue à proximité d'une célèbre fourche. On se croirait presque à Rome...

Avec ses 86 centimètres de large par endroits, c'est l'une des voies les plus étroites de Paris. Les âmes bucoliques iront y cueillir les cerises sauvages.

3

4

Non nous ne sommes pas à Rochefort mais en plein Paris !
Cet ancien passage portant le nom d'une variété de cerisiers
a perdu son côté impair au moment des travaux d'Haussmann.

Cette voie rend hommage à ce qui fut un département français de 1801 à 1815, juste avant la création de la Belgique. On vient de raser le côté sud de l'impasse ainsi que le côté nord de sa voisine afin d'aménager un square entre les deux.

6 Entrée de service du « Village d'Orléans », lotissement de 1830.

7

À proximité de reptiles (en aquarium), cette petite rue
n'est pas loin d'en porter l'emblème à son revers.

8

La Réunion en métropole.

Cette folie du XVIIIe siècle s'inspire fidèlement d'une villa de Palladio, celle de Girolamo Ragona, à Ghizzole. Propriété de la Ville, elle sert à présent de lieu d'exposition et son jardin est public.

9

10

Ce petit paradis composé de 92 pavillons – tous conçus par des architectes différents (ou même sans architecte) – a été érigé sur un tas d'ordures en 1926. Les futurs propriétaires, regroupés en coopérative ouvrière, ont financé les travaux de ce qui allait devenir un des quartiers les plus recherchés de Paris.

Dans cette cour fermée du XIXe siècle, les élèves font l'école buissonnière tout en préparant leurs concours.

12

Ce canaletto champêtre servait autrefois de dépotoir aux eaux usées de la ville quand le quai attenant s'appelait quai des Vidanges. Les ateliers riverains sont restés municipaux.

Un square à l'anglaise avec un nom russe. Cette allée privée s'aborde aussi bien par son autre extrémité (cf. 1).

14

Adieu veaux, vaches, cochons... Cette ancienne ferme date de 1850. Son avenir fait l'objet d'une lutte acharnée entre un promoteur et une association de défense. *Statu quo* pour l'instant.

Dans une rue aussi politique que diplomatique,
on cherche inlassablement à s'accorder.

15

16

Cette ancienne voie privée appartenait au village de Saint-Mandé avant l'annexion de 1860. La campagne peut-être, mais quand même pas la forêt profonde dans laquelle son toponyme aurait pu trouver refuge.

Cour de l'Est à plus d'un titre, elle semble n'avoir pas de fin. Après deux cours artisanales traditionnelles, une trouée verte permet de découvrir une maison à la Mansart, un bassin, l'atelier d'un artiste... le tout bordé de vieux murs couverts de lierre.

18 Érigée sur la plus petite place de Paris, cette maison Art nouveau est réputée la plus haute du quartier. Vivre ici ne doit pas être une aussi rude épreuve que le nom de cette place le laisse supposer...

Ce passage abrite des petites maisons, construites pour la plupart il y a un siècle par les ouvriers d'une grande usine voisine. Bernard Frank y a vécu en compagnie de sa chatte Essuie-plume.

19

20

On accède à cette cité très royale par la rue la plus cosmopolite de Paris.

Derrière un immeuble s'alignent sagement
les « Ateliers des artistes japonais ».
L'arbre du fond aurait été planté par Foujita.

22 À peine plus grande que sa voisine Georgina.

Cette allée discrète longe une « folie » du XVIIIe siècle qui vit passer Nerval, Poulbot, Steinlen et Van Dongen.
En face, au n° 8, à l'emplacement des communs du château, vécut, de 1890 à 1897, la famille Renoir.

24 Le poète François Coppée (1842-1908) occupa dans sa jeunesse cette belle bâtisse XVIIIe. On distingue au fond le revêtement en briques d'une église qui fut le premier édifice religieux de Paris construit en béton armé.

Ce petit oratoire se situe dans le jardin d'une société de grands voyageurs devant l'Éternel.

26

Cette allée bordée d'ateliers d'artistes ouvre dans une rue qui longeait l'ancien cimetière de Bagneux, fermé en 1784. Montesquieu y a probablement été enterré.

Un paradis plutôt qu'un enfer...

28

C'est peut-être à quatorze heures qu'il faut chercher le nom de cette rue, abritant quelques allées profondes entre immeubles et ateliers.

29

Cette étonnante maison est située à l'angle d'une rue portant le nom d'une ferme carolingienne (littéralement « terre sauvage »), mentionnée dès 862.

30 Cette rue classée dès 1932 porte le nom de la fille du propriétaire qui créa la voie. Elle donnerait envie, comme la bien-nommée rue voisine, de s'y retirer.

Ici se trouvait, au XVIIe siècle, le cimetière protestant de la Charité. Dans le même immeuble, on fait commerce du chocolat depuis 1819.

31

32

Cette étrange impasse porte le nom d'une ville italienne située à une cinquantaine de kilomètres au nord-ouest de Milan. Comme ses voisines, elle suit le tracé de vignes du XIXe siècle.

Presque l'Indochine.

34

On pourrait encore y tourner *Casque d'Or*
sans décorateur.

Georges Brassens a vécu au nº 42 de cette rue (dans la deuxième maison en partant de la gauche), de 1968 à sa mort. Ce surprenant alignement de maisons identiques fut classé en 1932.

36

Comme en Guyane.

Ce « regard » permettait de contrôler l'eau de sources canalisées dès le Moyen Âge. Il était la propriété des moines de Saint-Martin-des-Champs. Certains bâtiments de leur prieuré font aujourd'hui partie du Conservatoire national des Arts et Métiers.

37

38 Impasse anciennement viticole.

Dans une rue très commerçante, qui fut l'artère principale d'un ancien village de Paris, un immeuble anonyme dissimule une allée d'allure britannique.

39

40

Cette jolie construction néo-Renaissance de 1835 abrite l'ancienne fontaine du château d'eau du quartier.
Elle n'est pas tout à fait à sec puisqu'elle est à présent le siège d'une association chargée de l'entretien de la dernière vigne de Paris. Au fond, une « folie » XVIIIe (cf. 97).

Le nom de cette impasse bucolique évoque
une piscine qui a fait naufrage.

42

Sur ces trois hectares foisonnants de jardins,
serres et ateliers non accessibles au public,
la botanique est reine.

Cette rue célèbre ceux qui quittaient ce village pour Paris.
Sa partie la plus haute porte désormais le nom
de l'auteur des *Contes cruels* (1883).

44 Bel endroit pour une retraite.

Ce couvent, émanation d'une communauté religieuse établie en vallée de Chevreuse, fut aussi un foyer janséniste où Pascal fit parfois retraite.

46 Derrière un immeuble ordinaire, une cour ouvre sur un chemin profond desservant des jardinets ouvriers. Encore une exception française ?

La mécanique serait-elle une chasse gardée masculine ?

48 Un graffiti qui sort de l'ordinaire dans une rue qui se dévale.
Il a son pendant sur une autre partie de ce très long mur,
au même numéro.

Cette modeste demeure est entourée d'un parc de 934 hectares. Qui dit mieux ?

49

50

Cette fondation royale abrite de beaux jardins.
Le grand naturaliste Buffon en assura l'intendance
durant cinquante années.

L'écrivain et homme politique nationaliste Maurice Barrès (1862-1923) habita dans cette jolie cour lors de son arrivée à Paris.

52

Cette rue desservait au n° 24 l'arrière de la maison d'un célèbre écrivain. L'accès officiel à son domicile se trouvant dans la rue parallèle, il avait choisi cet ingénieux pavillon pour échapper à ses nombreux créanciers.

En 1928, un sculpteur russe s'établit dans cet atelier.
Dans le ravissement, il écrivit : « [...] la vie d'un homme peut
être transformée à cause d'un pigeonnier, à cause d'un arbre. »

53

54 La jungle à notre porte.

Dans cet amphithéâtre résonnèrent les voix d'illustres professeurs : Gay-Lussac, Geoffroy Saint-Hilaire, Claude Bernard, Becquerel, Jussieu...

56

Le personnage qui a donné son nom à cette petite rue fut l'historien de Charlemagne. Pas plus importante qu'un passage, la voie forme un coude au creux duquel subsiste le vestige d'une fontaine.

Cette cité d'artistes occupe tout un îlot au sommet d'une butte bien connue des peintres.

57

58 On doit cette impasse rafraîchissante au promoteur Alexandre Chauvelot qui créa vers 1860 plusieurs « Villages de l'avenir » (cf. 72, 111, 112, 115 et 116). Des personnes à faibles revenus, souvent écartées du centre par les destructions d'Haussmann, y bâtissaient leur maison. Le toponyme désigne une province qui n'est plus française mais canadienne.

Cette serre est le produit de la transformation d'un cloître, lequel était une dépendance d'un hôtel particulier. Cet hôtel fut acquis en 1612 par une reine de France pour agrandir son domaine.

60

Une rue dédiée à l'astronomie... tout comme le quartier. Le jardin est celui d'une congrégation religieuse installée en ces lieux depuis 1849. On aperçoit au fond sa chapelle de style néo-gothique.

Cette somptueuse avenue, percée en 1905, a remplacé un paradis sauvage couvert de cabanes où Jean Renoir jouait enfant (cf. 23). Il en reste un vestige dans un étrange passage possédant un boulodrome.

62 Ce square a été ouvert en 1923 à l'arrière d'un site antique (200 après J.-C.).

Ce jardin botanique doté de serres et de bassins a une fonction pédagogique puisqu'il est destiné aux étudiants d'une faculté.

64 Cette impasse ouvre dans une rue qui tient son nom d'un ancien fief du domaine royal au Moyen Âge. Il dériverait d'un mot tiré du lexique rural, la rouille, désignant la ronce.

Petite villa sur la route de Compostelle.

66

Le peintre néo-classique William Bouguereau (1825-1905) résida dans l'immeuble de droite de cette voie très privée. La verrière de son atelier donne sur un jardin.

Bâtie en 1938, cette église est située dans une rue qui porte le nom d'un lieutenant décédé en 1909 dans l'accident du dirigeable *Le République*.

68

Hic Ceciderunt : Ici, ils ont succombé. Cette plaque commémore un épisode sanglant de la Terreur, quand 118 prêtres réfractaires ont été massacrés au pied de l'escalier menant au jardin de ce couvent.

Un belvédère sur la Petite Ceinture et une villa
qui ne compte pas pour des prunes.

69

70

Cette belle maison fut l'atelier d'un peintre unijambiste, ami de Marcel Aymé, son voisin.

Un seul passage pour deux prénoms.

72

Débouchant dans la bien-nommée rue de l'Harmonie, cette voie formant un coude était baptisée au XIXe siècle impasse des Jardinets. On la doit probablement à Alexandre Chauvelot (cf. 58, 111, 112, 115 et 116).

Cette large et profonde cité peut s'enorgueillir d'avoir accueilli Jacques Brel à ses débuts : à la fin des années 1950, il habita au nº 11, alors modeste hôtel du Chalet. Séduit par le lieu, il aurait conservé la chambre nº 13 presque toute sa vie.

74

Ce drôle de portail est situé sur un sentier en hauteur qui n'a guère changé depuis 1812 et dont le nom évoque un pont vénitien.

Ce porche majestueux est l'ultime témoin de l'hôtel Raoul. Cette demeure d'un serrurier aveyronnais établi à Paris consistait en la surélévation massive d'une maison Louis XIII. La bâtisse fut rasée en 1965 pour laisser place à un immeuble sans intérêt. Jim Morrison est mort au nº 17-19 de la même rue le 3 juillet 1971.

76

Le nom de cette rue-escalier rend hommage à un saint-simonien résolu, qui s'était retiré en 1832 avec ses disciples dans une maison du quartier. Fêtes, déguisements, défilés… l'expérience ne dura que quelques mois : avant la fin de l'année, il était en prison.

Les éducateurs maristes ont vu défiler, non loin de ce bassin, des élèves qui deviendront des figures marquantes de notre pays. Parmi eux, François Mauriac et François Mitterrand.

78 Le grand médecin et physiologiste Marie François Xavier Bichat (1771-1802) a habité cette maison dans laquelle il avait également son laboratoire. Il y a mené des expériences sur la putréfaction dont les émanations ont sans doute précipité sa fin. Très affaibli, il est mort à 31 ans des suites d'une chute dans l'escalier de l'Hôtel-Dieu.

Dans cette maison néo-gothique vécut à partir de 1949 Jean Paulhan (1884-1968), critique littéraire et essayiste, qui eut la haute main sur la NRF de 1920 à sa mort.

80 Ce passage repose sur d'anciennes carrières. Pas question d'imposer à ce sous-sol miné de toutes parts des constructions trop lourdes.

81

Cette rue fut une sorte de voie privée abritant près de 40 maisons de chanoines ; il ne reste aujourd'hui que celles sises aux nos 22 et 24. Celle que l'on voit ici date de 1512.

82

Ce collège fut fondé en 1662 pour accueillir des séminaristes catholiques fuyant les persécutions protestantes Outre-Manche. Et lorsque Jacques II (1633-1701), roi d'Angleterre, se convertit au catholicisme, il fut lui-même contraint à l'exil. Le cerveau royal est conservé dans la jolie chapelle du collège.

Cette congrégation a été fondée par un saint dont les reliques sont visibles dans la chapelle attenante.

84 Cette petite rue au trompe-l'oeil d'allure pompéienne se trouve à l'emplacement de l'ancien magasin des décors du théâtre de l'Ambigu, aujourd'hui démoli.

Cette paisible villa perpétue le souvenir d'un compositeur d'opérettes et de ballets du XIXe siècle. Elle se cache dans un quartier lumineux et bien à l'écart de la ville, qui est une récompense pour le promeneur.

86

Ce joli pavillon dépend d'un hospice, lui-même héritier de l'infirmerie créée ici en 1818 par l'épouse de Chateaubriand.

Ici demeure un ancêtre, déjà représenté il y a 20 000 ans
sur les parois de la grotte de Lascaux.

87

88 La Seine est proche de cette rue longeant un ancien coteau viticole et qui semble s'être résignée aux inondations.

Cette maison rappelle celle du nº 2 de la même rue, peinte par Utrillo en 1919 et dont un restaurant entretient encore la jolie couleur rose.

90 Cette chapelle, construite en 1936, se trouve dans une rue célèbre pour avoir abrité le petit appartement de Lénine durant son exil parisien.

Ici tournaient les ailes du moulin de la Vieille-Tour.
Le quartier, situé en hauteur, comptait alors de
très nombreux moulins à blé ou à raisin.

91

92

Dans l'entre-deux-guerres, diplomates et hommes de lettres – mais c'étaient souvent les mêmes – ont beaucoup fréquenté cette adresse de la rive gauche. Giraudoux et Morand y rendaient visite à leur mentor Philippe Berthelot. Léon Blum y a vécu.

« C'est un grand signe de médiocrité de louer toujours modérément ». Luc de Clapiers, moraliste du siècle des Lumières, est l'auteur de cette maxime. Ce marquis a donné une autre partie de son patronyme à cette charmante villa.

94

Paris-sur-Marne ?

En mauvaise santé à plus d'un titre ! Un long mur délimite le terrain d'une maison de campagne du XVIIIe siècle ; Renoir y peignit en 1875. De l'autre côté de la rue, ce n'est pas du tout le même tableau.

96

Petite Ceinture et grande peinture font parfois bon ménage, comme en témoigne cette rue honorant un artiste néo-classique.

Ce village d'artistes (cf. 57) occupe une partie du terrain d'une folie, magnifique villa XVIIIe encore visible au no 22 de la même rue (cf. 40). Celle-ci fut un temps la clinique du Docteur Blanche qui y soigna Gérard de Nerval.

98 Ce beau jardin appartient à une clinique bâtie en 1887 par les Sœurs Sainte-Marie-de-la-Famille. Il abrite également une chapelle néo-gothique.

Cette chapelle, édifiée à la mémoire des victimes de la Terreur de 1794, est située dans l'enceinte d'une congrégation religieuse. Un cimetière y abrite les derniers guillotinés de la Révolution et leurs descendants ou apparentés. Le général La Fayette y est enterré.

100 Voici une loge qui ne manque pas de style. C'est un autre gardien – et un saint, qui plus est – qui a donné son premier nom à la rue avant qu'il ne soit légèrement déformé au XVIIe siècle.

Carrière, Dufy ou Signac occupèrent un atelier dans cette cité d'artistes. Paul Cézanne y travailla également qui, au terme de 115 séances de pose infligées à son marchand Ambroise Vollard, abandonna le portrait sur ces mots : « La chemise n'est pas mal... ».

102 Fait l'œuf et réciproquement.

Après avoir visité cette impasse, vos vœux
se réaliseront peut-être.

103

104 Ce couvent du XVIIe siècle est devenu un temple de l'architecture.

Cette villa enchanteresse porte le nom d'un peintre et humoriste du début du XXe siècle. C'est aussi un prénom que l'on retrouve fréquemment dans les pièces de Molière.

105

106 Cette villa et le passage qui lui fait face (cf. 119) portent le même nom. Ils se partagent les rives de la Dhuis, une rivière plus parisienne qu'on pourrait le penser.

Un cauchemar gaulois, mais un ravissement parisien.

108 Jardin suspendu sur coulée verte.

Jadis, cette rue pouvait être fermée par une large grille mobile. Il n'en reste qu'une barre métallique haut perchée et munie de dents recourbées.

110 Ce passage se trouve au niveau du nº 41 d'une rue dont le nom évoque un instrument de musique à clavier et à cordes pincées, mais aussi une variété d'épicéa.

Cette impasse idyllique est l'une des premières créations du très actif Alexandre Chauvelot en 1835 (cf. 58, 72, 112, 115 et 116). Il s'y serait trouvé un moulin-guinguette, démonté vers 1850 pour être transplanté à Montmartre.

111

112 Cette rue porte le nom d'un chef gaulois qui mourut en défendant Lutèce contre Jules César. Elle appartient à un « Village Chauvelot » (cf. 58, 72, 111, 115 et 116).

Ces ateliers aux murs colorés hébergent
les anarcho-syndicalistes de la Confédération Nationale
du Travail et l'association Flamenco en France.

114 Comme les rues voisines, cette voie a été ouverte vers 1840 perpendiculairement au coteau pour en faciliter la descente. Le poète Max Jacob (1876-1944) vécut de l'autre côté de la rue, au nº 17.

Cette villa d'un « Village Chauvelot » (cf. 58, 72, 111, 112 et 116) doit son nom à un Brésilien, pionnier de l'aéronautique. 115

Les maisons de cette impasse exceptionnelle ont été conçues dans les années 1920 pour des artistes et artisans d'art. Victor Brauner y aurait vécu au nº 10 bis.

116 L'artiste italien Gatti vécut dans cette maison d'un « Village Chauvelot » (cf. 58, 72, 111, 112 et 115). La façade présente encore des reliefs ornés de ses mosaïques.

Un passage sur la Butte.

118 Cette villa privée oxygène le quartier depuis 1857. Son règlement d'origine la protège encore en limitant la hauteur des maisons à trois mètres. Une cité portant le même nom est située à deux pas (cf. 44).

Un « p » surnuméraire n’est pas une erreur.

s o l u t i o n s

Entrée du square Nicolaÿ,
16, rue des Moines, 17e.
(Cf. 13)

Cour Saint-Pierre,
47, avenue de Clichy, 17e.
Accès libre.

Sentier des Merisiers,
9, rue du Niger, 12e.
Accès libre.

4 à 10, place du Guignier, 20e.
Cette place se situe le long de la rue des Pyrénées.

Impasse des Deux-Nèthes,
32, avenue de Clichy, 18e.
Accès libre.

Villa Hallé, 36, rue Hallé, 14e.

12 et 14, rue Ernest-Lacoste, 12e.
Cette rue, qui porte le nom d'un ancien propriétaire de la voie, est située à deux pas de l'aquarium tropical de la Porte Dorée.

Jardin d'agronomie tropicale dans le Bois de Vincennes, 45 bis, avenue de la Belle-Gabrielle.
Pavillon de la Réunion de l'Exposition coloniale de 1907 provenant de l'Exposition universelle de 1900.

Maison Carré de Baudouin, 121, rue de Ménilmontant, 20e.

La Campagne à Paris, 1 à 7, boulevard Mortier, 20e.
(Cf. 76). Accès libre.

École Normale Supérieure, 45, rue d'Ulm, 5e.

Darse du Fond-de-Rouvray, quai de Metz, 19e.
Ce plan d'eau est un bras mort du canal de l'Ourcq.

Square Nicolaÿ, 77 bis, rue Legendre, 17e.
Ce square possède une autre entrée sur la rue des Moines (cf. 1).

Ferme de Montsouris, 26, rue de la Tombe-Issoire, 14e.

124, rue de Grenelle, 7e.

4 à 4 ter, rue Victor-Chevreuil, 12e.

Cour d'Alsace-Lorraine,
67, rue de Reuilly, 12e.
Accès libre.

1, place du Calvaire, 18e.

3, passage Bourgoin, 13e.

Cité du Palais-Royal de Belleville,
151, rue de Belleville, 19e.

11, rue Daguerre, 14e.

5 bis, rue Taclet, 20e.
La petite rue Taclet relie la rue de la Duée à la rue Pelleport. La modeste villa Georgina y débouche.

Allée des Brouillards,
13, rue Girardon, 18e.
Accès libre.

14, rue André-Antoine, 18e.
L'église que l'on aperçoit à gauche est Saint-Jean-de-Montmartre, place des Abbesses.

Jardin des Missions Étrangères, 128, rue du Bac, 7e.
Jardin ouvert au public le samedi de 15h30 à 16h.

3 bis, rue Jean-Ferrandi, 6e.

Monastère de la Visitation, 68, avenue Denfert-Rochereau, 14e.

79, rue du Cherche-Midi, 6e.

57, rue des Cascades, 20e.
Cette maison est située à l'angle de la rue de Savies au toponyme carolingien.

Rue Laurence-Savart, 20e.
Cette voie débouche dans la rue du Retrait.

30, rue des Saints-Pères, 7e.
La boutique du célèbre chocolatier Debauve & Gallais, « fournisseur des Anciens rois de France », se trouve sur la rue.

Impasse de Bergame, 28, rue des Vignoles, 20e.
(Cf. 38, 102, 103 et 113). Accès libre.

Jardin d'agronomie tropicale dans le Bois de Vincennes, 45 bis, avenue de la Belle-Gabrielle.
Pavillon de l'Indochine de l'Exposition Coloniale de 1907.

34

57 bis, rue des Cascades, 20e.

35

Rue Santos-Dumont, 15e.

36

Jardin d'agronomie Tropicale dans le Bois de Vincennes, 45 bis, avenue de la Belle-Gabrielle.

Pavillon de la Guyane de l'Exposition coloniale de 1907.

37

42 quater, rue des Cascades, 20e.

38

Impasse Rolleboise,
20, rue des Vignoles, 20e.

(Cf. 31, 102, 103 et 113). Accès libre.

39

76, rue du Commerce, 15e.

40

9, place Jean-Baptiste-Clément, 18e.

La vigne de Montmartre se trouve rue des Saules.

41

Impasse Deligny,
6, passage Pouchet, 17e.

42

Îlot Poliveau, annexe
du Museum d'histoire naturelle,
43 à 63, rue Buffon, 5e.

43

49 et 51, rue des Partants, 20e.

Ancienne voie limitrophe des villages de Belleville et de Charonne.

44

Cité de l'Ermitage,
113, rue de Ménilmontant, 20e.

Accès libre.

45

Cloître de Port-Royal,
maternité Baudelocque,
123, boulevard de Port-Royal, 14e.

46

36, rue Nationale, 13e.

Accès libre.

47

8, passage Lhomme, 11e.

48

38, rue des Cascades, 20e.

49

Bois de Vincennes,
76, avenue de Saint-Maurice, 12e.

50

Museum d'histoire naturelle,
57, rue Cuvier, 5e.

51

76-78, rue Notre-Dame-des-Champs, 6e.

Rue Berton, 16e.
Honoré de Balzac y avait sa maison, dont l'entrée principale se situe 47, rue Raynouard.

Musée-atelier d'Ossip Zadkine, 100 bis, rue d'Assas, 6e.

Parc Zoologique de Paris, 53, avenue de Saint-Maurice, 12e.
Habitat de l'hippopotame nain.

Amphithéâtre du Jardin des Plantes, 57, rue Cuvier, 5e.

6, rue Eginhard, 4e.

16, rue Girardon, 18e.

9, impasse du Labrador, 5, rue Camulogène, 15e.
Accès libre.

Hôtel du Petit-Luxembourg, 17, rue de Vaugirard, 6e.
Espace réservé à la présidence du Sénat.

Jardin des Sœurs Saint-Joseph de Cluny, 21, rue Méchain, 14e.
Pierre-François Méchain était un astronome du XVIIIe siècle ; le quartier est celui de l'Observatoire. Accessible lors de certaines Fêtes des Jardins.

18 et 20 avenue Junot, 18e.
L'étroit passage reliant le 23, avenue Junot au 65, rue Lepic possède un terrain de boules, seule trace de l'ancien « maquis ».

Square des Arènes de Lutèce, 6, rue des Arènes, 5e.

Faculté de pharmacie, 4, avenue de l'Observatoire, 6e.
Jardin ouvert au public.

Impasse Mousset, 83, rue de Reuilly, 12e.
Accès libre.

Villa Saint-Jacques, 67, boulevard Saint-Jacques, 14e.
Accès libre.

73-75, rue Notre-Dame-des-Champs, 6e.

Église du Cœur Eucharistique de Jésus, 22, rue du Lieutenant-Chauré, 20e.

Couvent des Carmes, 70, rue de Vaugirard et 21, rue d'Assas, 6e.
La chapelle est accessible lors des messes et les jardins à l'occasion de certaines Fêtes des Jardins, en septembre.

Villa Brune, 72, rue des Plantes, 14e.
Accès libre.

Atelier de Gen Paul, 2, avenue Junot, 18e.

Passage Charles-Albert, 18e.

Villa des Charmilles,
56, rue Castagnary, 15e.
Accès libre.

Cité Lemercier, 28 rue Lemercier, 17e.

11, passage des Soupirs, 20e.

4-6, rue Beautreillis, 4e.

Rue du Père-Prosper-Enfantin, 20e.
Cette rue mène au lotissement de la Campagne à Paris (cf. 10).

104, rue de Vaugirard, 6e.
Jardins accessibles lors de certaines Fêtes des Jardins, en septembre.

14, rue Chanoinesse, 4e.

5, rue des Arènes, 5e.

12, passage Barrault, 13e.

24, rue Chanoinesse, 4e.

Chapelle du Collège des Écossais,
65, rue du Cardinal-Lemoine, 5e.

Accès possible lors des Journées européennes du Patrimoine.

Mission lazariste,
90, rue du Cherche-Midi, 6e.

Les reliques de saint Vincent de Paul sont exposées dans la chapelle ouvrant au 95, rue de Sèvres. Jardins accessibles lors de certaines Fêtes des Jardins, en septembre.

Rue Legouvé, 10e.

Villa Olivier-Métra, 20e.

Accès libre.

Hospice Marie-Thérèse,
92, avenue Denfert-Rochereau, 14e.

Accès possible lors de la Fête des Jardins, en septembre.

Ménagerie du Jardin des Plantes,
hutte du cheval de Przewalski,
57, rue Cuvier, 5e.

21, rue du Dessous-des-Berges, 13e.

6, rue de l'Abreuvoir, 18e.

Chapelle de la communauté des Franciscains, 7, rue Marie-Rose, 14e.

Accès possible lors de la Fête des Jardins, en septembre.

17, rue Norvins, 18e.

126, boulevard du Montparnasse, 14e.

Villa Vauvenargues, 82, rue Leibniz, 18e.

Accès libre.

Bois de Vincennes, 12e.

Les quatre lacs du Bois de Vincennes sont alimentés par la Marne, via le canal de Saint-Maur, et un réseau de ruisseaux artificiels. Celui-ci est la rivière Aimable qui se couvre de lentilles d'eau un peu avant le lac Daumesnil.

21, rue Jean-Dolent, 14e.

Ce mur est situé face à la prison de la Santé.

52, rue Regnault, 13e.

Cette rue honore la mémoire du peintre Jean-Baptiste Regnault (1753-1829).

24, rue Norvins, 18e.

Clinique Blomet, 136 bis, rue Blomet, 15e.

Chapelle du cimetière de Picpus,
35, rue de Picpus, 12e.
Jardins accessibles lors de certaines Fêtes des Jardins, en septembre.

19, rue des Saints-Pères, 6e.
Cette voie se nommait anciennement rue Saint-Pierre.

Villa des Arts,
15, rue Hégésippe-Moreau, 18e.

Impasse Poule, 24, rue des Vignoles, 20e.
(Cf. 32, 38, 103 et 113). Accès libre.

Impasse des Souhaits,
31 bis, rue des Vignoles, 20e.
(Cf. 32, 38, 102 et 113). Accès libre.

Maison de l'Architecture,
ancien couvent des Récollets,
148, rue du Faubourg-Saint-Martin, 10e.
Café et jardin ouverts au public.

Villa Léandre, 23 bis, avenue Junot, 18e.
Accès libre.

106

1, villa Perreur, 20e.

La villa et le passage Perreur ouvrent de part et d'autre de la rue de la Dhuis, surplombant l'aqueduc éponyme qui transporte les eaux captées dans la région de Château-Thierry jusqu'au réservoir de Ménilmontant.

107

2 et 4, villa d'Alésia, 14e.

Accès libre.

108

Square Charles-Péguy, 12e.

Cette friche de graminées naturelles pousse dans le fond du square, le long de la Petite Ceinture.

109

Rue Rataud, 5e.

110

Passage Pouchet,
41, rue des Épinettes, 17e.

111

Impasse du Moulin-Vert,
27, rue des Plantes 14e.

Accès libre.

112

10, rue Camulogène, 15e.

113

33, rue des Vignoles, 20e.

(Cf. 32, 102, 103 et 113). Accès libre.

114

30, rue Gabrielle, 18e.

Villa Santos-Dumont, 15e.
36, rue Santos-Dumont, 15e.
(Cf. 116). Accès libre.

15, villa Santos-Dumont,
36, rue Santos-Dumont, 15e.
(Cf. 115). Accès libre.

Passage Boiton, 13e.
Ce passage est situé dans le quartier de la Butte aux Cailles.

20, villa de l'Ermitage,
16, rue de l'Ermitage, 20e.
Accès libre.

3, passage Perreur, 20e.

Le chat se tient 8, passage Boiton, 13e.

Édition : François Besse et Mathilde Kressmann
Direction artistique et maquette : Isabelle Chemin

Photogravure : Alésia studio
Achevé d'imprimer en septembre 2011
sur les presses de l'imprimerie IME, à Baume-les-Dames

ISBN 978-2-84096-541-1
Dépôt légal : mars 2009

Merci

À Chantal Delattre,
Dominique Raoul-Duval
et Jean-Michel Arnold
que rien n'a pu décourager,
année après année,
de me réclamer un livre

À François Besse
qui a dit oui

À Charles Nemes
qui m'a équipée
pour cette aventure

À Jacques Brissot,
pour son inlassable soutien
numérique et culinaire

Mais où est donc ce chat ?